51

Lb 1770.

PROCÈS

DE LA

SOCIÉTÉ DES DROITS DE L'HOMME.

PROCÈS
DE LA SOCIÉTÉ DES DROITS DE L'HOMME ET DU CITOYEN.

DISCOURS

SUR LE

Droit d'Association,

PRONONCÉ

Par le Citoyen Guyot,

LE **10** AVRIL **1833**, A LA COUR D'ASSISES DE
LA SEINE, (seconde section.)

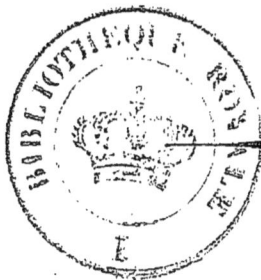

AVIGNON,

IMPRIMERIE DE VEUVE GUICHARD AÎNÉ.

Mars 1834.

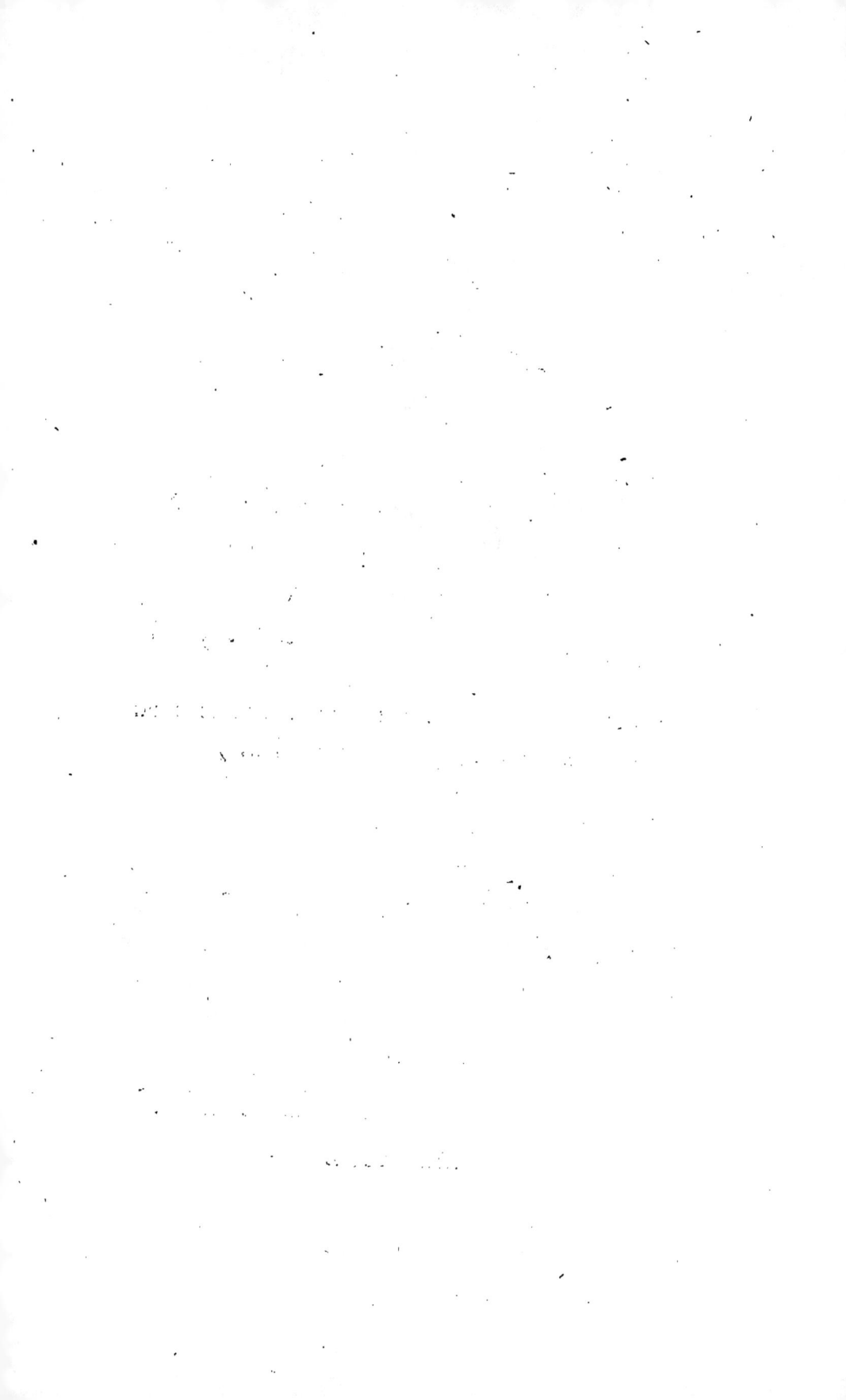

DISCOURS

SUR LE

DROIT D'ASSOCIATION,

PRONONCÉ

PAR LE CITOYEN GUYOT,

Le 10 Avril 1833 , à la Cour d'assises de la Seine ,
(seconde section.)

Messieurs les jurés ,

JE pourrais, sortant du cercle étroit de faits insignifians dans lequel s'est modestement circonscrit M. le commissaire du roi , étendre la discussion , l'amener sur le terrain des principes, et , comme l'a fait , il y a trois mois , dans cette enceinte , une bouche amie (1) plus éloquente que la mienne , vous développer les avantages , la nécessité et le droit incontestable de l'Association.

---

(1) Le Citoyen Godefroid Cavaignac , dans le procès des *Amis du Peuple.*

Je pourrais vous démontrer que l'association étant pour l'organisation de toute société , ce que les rapports des chiffres entr'eux sont pour la formation d'une arithmétique ; elle est le principe fondamental dont doivent émaner tous les autres , le seul mobile dont puisse découler la loi , et qu'alors , il y a immoralité , injustice , stupidité à vouloir la faire rentrer dans le domaine de la loi, domaine qu'elle seule a pu créer.

Je pourrais , pour ceux qui redoutent les abus , démontrer qu'il y a beaucoup plus de danger à permettre au législateur de statuer sur le principe d'association qu'à laisser l'application de ce même principe tout-à-fait libre ; car disputer à quelqu'un la faculté de s'associer , c'est lui disputer sa qualité de citoyen , c'est recréer pour lui la condition d'ilote , c'est user , vis-à-vis de lui , du droit de vainqueur , et par contrecoup lui donner le droit de la guerre ; c'est , vous le comprendrez fort bien , vous qui aimez le calme et la tranquillité , commettre le plus funeste des abus.

Je pourrais , en conséquence de cela , Messieurs les Jurés , affirmer que la vraie garantie de l'ordre peut se trouver , non pas dans l'individualisme qui tire tout à lui sans aucune considération sociale , mais bien dans l'association qui comprenant seule un but commun , fait aussi seule un devoir du dévouement à ce but commun ; non pas dans l'individualisme qui isole et anarchise , mais bien dans l'association qui unit et harmonise ; non pas dans l'individualisme qui , ne faisant appel qu'aux intérêts privés , donne une moralité à l'emploi que , dans des temps de crise , on peut faire contre lui d'une répression violente , mais bien dans l'association qui , ne voyant que l'intérêt de tous , a pour résultat inévitable la consolidation de la paix intérieure.

Je pourrais , comme preuve , sinon majeure au moins actuelle de cette vérité, vous citer ce qui se passe aujourd'hui , et vous prouver par des faits que , tant que les sociétés populaires ont été incomplétement organisées, il a été facile à des émissaires gagés ou officieux, de les jeter en dehors de leurs intentions et de les pousser à toutes les émeutes dont le pouvoir a eu besoin ; que du moment , au contraire , où elles ont mieux compris et plus largement appliqué le principe de l'association , elles ont été

plus fortes pour résister aux provocations de police, et qu'elles en sont venues aujourd'hui au point de conserver toute leur impassibilité, lors même que pour se donner niaisement une occasion d'en finir plus vite avec *cette légalité qui tue*, on veut, à l'aide des fonds secrets, troubler leurs travaux ou leurs fêtes.

Je pourrais, Messieurs, passant à un autre ordre d'idées, vous dire que l'association est le principe le plus sûr de tout progrès, de toute moralité, de toute puissance ;

De tout progrès : car si les arts dépérissent, si les sciences restent stationnaires, si l'industrie souffre au moindre trouble, cela tient uniquement à ce que l'intelligence de l'association manque aux artistes, aux savans et aux industriels ;

De toute moralité : car, si le célibat, le duel, l'aumône, le vol, le brigandage et d'autres vices, corrompent notre atmosphère sociale, cela tient uniquement à la nécessité déplorable où le manque d'association jette chaque individu, de ne reconnaître que lui pour juge des moyens propres à satisfaire ses besoins et ses goûts ;

De toute puissance : car si un gouvernement est faible, cela tient uniquement à ce qu'au lieu d'être la représentation d'une association nationale, il n'est que l'expression de coteries exploitantes.

De toute puissance encore : car, si d'un côté, la république naissante a plusieurs fois sauvé la France de l'invasion étrangère ; si de l'autre la plus forte de toutes les monarchies, celle de Napoléon, n'a pu empêcher les Cosaques d'arriver à Paris, cela tient uniquement à ce que la république, conformément à son principe, s'appuyait sur les associations, tandis que l'empire s'appuyait, comme le pouvoir d'aujourd'hui, sur l'article 291.

Je pourrais donner à toutes ces têtes de chapitre un développement convenable, mais, pour ce qui me concerne, je crois devoir m'abstenir de tout cela, parce que je pense que ne pas m'abstenir, ce serait implicitement reconnaître quelque valeur et quelque droit à l'accusation, ce que ma conscience m'ordonne impérieusement de ne point faire ; et, Messieurs les jurés, je n'ai point besoin d'invoquer à l'appui de ma protestation, les principes en vertu desquels, nous républicains, nous contestons la légitimité du gouvernement de Louis-Philippe ; je puis pour cela me renfermer et je me renferme dans ma position de vaincu du 7 août ; je puis vous dire , et je vous dis : ,

L'accusation intentée aujourd'hui contre nous n'a pas même le droit de se produire :

Le réquisitoire de M. le commissaire du roi , notre présence forcée sur ce banc , l'appel que l'on fait à vos lumières pour nous juger, le fait seul de ce procès sont une violation flagrante des principes du gouvernement représentatif , tel qu'il existe aujourd'hui , tout rabougri qu'on l'a fait.

En voici la preuve :

Messieurs les jurés , avant que vous eussiez vous-mêmes , tout récemment , dans deux affaires différentes , et par deux absolutions successives , reconnu et proclamé la non existence de l'article 291 , la question qui nous amène aujourd'hui devant vous avait été discutée une première fois dans cette enceinte par treize de nos camarades , membres de la société des *Amis du Peuple* , et des débats était résulté le verdict suivant :

D. Y a-t-il eu association, etc., se réunissant au nombre de plus de vingt personnes, à certains jours marqués, pour s'occuper d'objets politiques ?

R. Oui.

D. A-t-elle eu lieu sans l'autorisation du gouvernement ?

R. Oui.

D. Les prévenus sont-ils coupables ? *R.* — Non, à l'égard de tous les prévenus.

Vous le voyez, Messieurs, les deux premières réponses du jury reconnaissent comme constante la violation des prohibitions de l'article 291, et la troisième déclare la non-culpabilité des prévenus ;

Or, je vous le demande, ce verdict n'est-il point la proclamation du droit d'association, non-seulement pour la société des Amis du Peuple, mais encore pour toutes les sociétés présentes et à venir ? N'est-il pas la proclamation la plus manifeste de la non existence de l'article 291 ?

On ne prétendra pas, sans doute, que la réponse négative sur la troisième question qui concerne la culpabilité ou la non culpabilité des

accusés , veuille dire que ces accusés ne se trouvaient pas de fait et par eux-mêmes passibles
de l'article 291 , s'il eût existé , puisqu'ils ont
tous déclaré avoir été fonctionnaires et admi-
nistrateurs de la société des Amis du Peuple.

On ne prétendra pas non plus que le *non* du
jury ne soit pas une condamnation du recours
par le pouvoir à l'article 291 , car à une préten-
tion pareille , nous opposerions l'explication
suivante donnée par le chef du jury :

M. Fenet. Il y a ici un quiproquo bien
étrange. La cour veut statuer sur......

Le Président. Le jury n'a pas la parole.

M. Fenet. J'insiste cependant , car j'ai mis-
sion pour cela de la part de tous mes collègues.
Ils m'ont chargé *en masse* de dire qu'ils auraient
voulu avoir à décider si le fait d'association au-
dessus de vingt personnes est coupable ou non ,
et qu'ils sont étonnés que cette question n'ait
pas été posée. C'est donc solennellement , au
nom du jury , que je déclare ici qu'il a jugé
dans sa conscience le fait d'association non coupable , et qu'il n'a entendu incriminer en rien la
société des Amis du Peuple.

Il n'y a rien d'ambigu dans cette déclaration ;

c'est la reconnaissance la plus claire et la plus positive de la non existence de la loi impériale.

Eh bien ! maintenant, de quel droit vient-on donc aujourd'hui l'invoquer de nouveau ?

Cette invocation n'est-elle pas une injure aux jurés qui ont rendu ce verdict ? N'est-elle pas une atteinte tortueusement portée à l'institution du jury ?

Prétendrait-on que le jury de décembre a outrepassé ses pouvoirs ?

Comme si l'omnipotence du jury n'était pas un fait et un droit reconnus ; comme si cette omnipotence ne devait pas être sacrée ; comme si dans le cas même où on voudrait la contester, on n'aurait pas dû protester immédiatement par les voies légales.

On n'a pas protesté : or, de deux choses l'une : ou on devait le faire, et dans ce cas, on a manqué à ses devoirs en ne le faisant pas, on a perdu son autorité morale pour accuser de nouveau : ou il n'y avait pas lieu à le faire, et alors, le verdict du jury de décembre a toute la valeur d'une décision de pouvoir judiciaire, et alors, pourquoi et en vertu de quoi cette accusation ? Elle est illégitime, et n'est plus comme

je le disais tout à l'heure , qu'une violation flagrante des principes du gouvernement représentatif.

Et en effet, Messieurs , ces principes ne veu-
lent-ils pas que le pouvoir exécutif se subordonne
toujours aux décisions du pouvoir judiciaire , et
ne puisse , en cas de conflit avec ce dernier ,
annihiler pour l'avenir l'effet de ces mêmes décisions qu'après une intervention du pouvoir lé-
gislatif ?

Cette intervention n'a point eu lieu , on ne
l'a pas même provoquée ; on se trouve donc , je
le répète , sans droit pour nous accuser.

Cela est tellement évident , qu'il faut être ou
niais pour ne l'avoir pas compris , ou de mauvaise foi pour ne pas s'y être conformé.

Or , nous ne sommes pas de ceux qui font
aux hommes, qui constituent aujourd'hui ce qu'on
veut bien appeler le pouvoir, l'honneur de les re-
garder comme des niais.

Il y a donc , dans cette violation des principes , évidemment mauvaise foi ; et le pourquoi
de cette violation ne peut se trouver pour ces
Messieurs que dans la crainte de se voir dé-
pouillés par les chambres d'une disposition ty-

rannique dont ils s'accommoderaient fort, et qu'ils tiennent à conserver.

Oui, il y a mauvaise foi, et remarquez-le bien, Messieurs, cette mauvaise foi jette le pouvoir en dehors de ses conditions d'existence comme pouvoir ; car, pour lui, en appeler sur une question toute de principes, de la décision d'un jury à un autre jury, c'est en appeler aux opinions politiques, à ce même esprit de parti contre lequel il pousse journellement des clameurs si véhémentes ; c'est perdre sa position de gouvernement ; c'est s'ôter toute autorité devant le pays et devant vous qui le représentez ici ; c'est en outre, je le dis encore, vouloir insulter le jury de décembre. Vous comprendrez, jurés d'avril, qu'en vous rendant complices de cette insulte, vous autoriseriez le pouvoir à vous faire insulter pareillement par un troisième jury.

Vous ne le ferez pas.

C'est d'ailleurs vous faire déjà insulte à vous-mêmes, à vous, qu'un préfet révocable semblerait n'avoir placés parmi les 1,500 citoyens arbitrairement choisis pour la présente année sur les listes générales du jury, que comme

propres à servir d'instrumens dociles aux hai-
nes anti-patriotiques de ses patrons.

Vous avez, il y a deux jours, répondu à
cet affront en déclarant la non culpabilité, et des
St-Simoniens qui ont cherché à prouver qu'ils
ne se trouvaient pas dans les conditions de
l'article 291, et des Amis du Peuple qui comme
nous, se sont placés en face de toutes les prohibitions de cet article.

Vous y répondrez aujourd'hui, en proclamant
de nouveau le droit d'association, et vous ferez
en cela une chose juste, indépendante, honora-
ble et morale tout à la fois.

FIN.

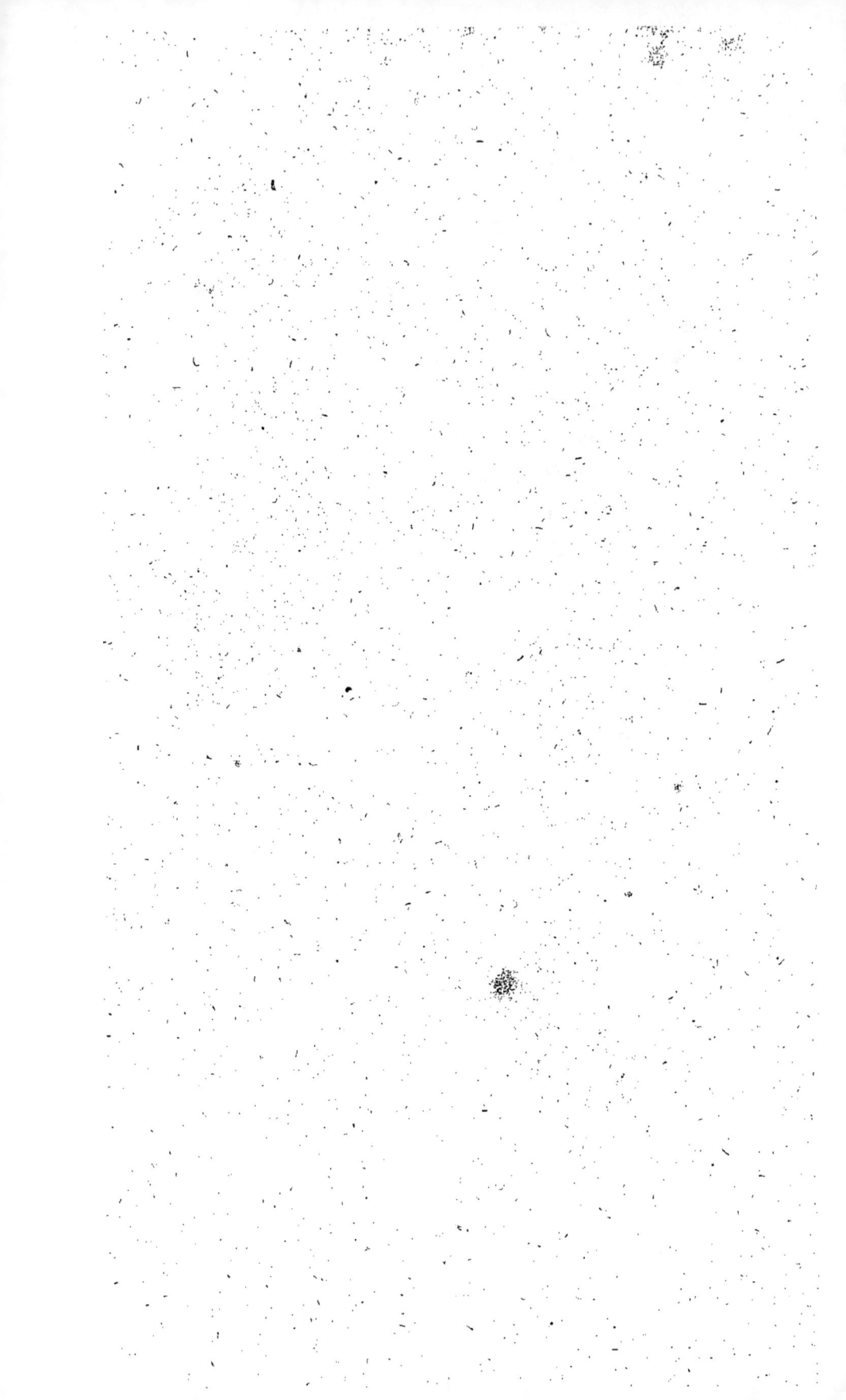

www.ingramcontent.com/pod-product-compliance
Lightning Source LLC
Chambersburg PA
CBHW050412210326
41520CB00020B/6566